Winter-Mützen stricken

Mit einer selbst gestrickten Mütze für die Skipiste, den Winterspaziergang oder einfach als modisches Accessoire geben Sie Ihrem Outfit eine individuelle Note. Wählen Sie unter verschiedenen Mützenformen und vielfältigen Mustern Ihre Lieblingsmütze aus: klassisch gerippt, witzig geringelt oder im Norwegerstil. Mit modischen Garnen und raffinierten Farbkombinationen verleihen Sie auch Klassikern wie Pudel-, Zipfel- und Baskenmützen einen frischen Look und stricken Modelle für Damen, Herren, Kinder und Babys.

Egal ob Sie Anfänger oder Strickexperte sind, Sie werden die ausführlichen und leicht verständlichen Anleitungen zu schätzen wissen und mit den hilfreichen Tipps auch Ihre eigenen Ideen umsetzen können.

Viel Freude beim Stricken und viele Komplimente beim Tragen wünscht Ihnen

Tanja Steinbach

Für Blätterwald und Schneekugeln

→ Klassisch gerippt für Sie und Ihn

KOPFUMFANG
Damenmütze 52-56 cm
Herrenmütze 56-60 cm

MATERIAL DAMENMÜTZE
- Schachenmayr Boston in Natur (Fb 02), 100 g
- Nadelspiel Nr. 7-8

HERRENMÜTZE
- Schachenmayr Extra Merino Big in Anthrazit (Fb 197) und Schwarz (Fb 199), je 50 g
- Nadelspiel Nr. 5-6

MASCHENPROBE
Mit Nd Nr. 7-8 und Boston bei glatt rechts 12 M und 18 Rd = 10 cm x 10 cm
Mit Nd Nr. 5-6 und Extra Merino Big im Rippenmuster (ungedehnt) 22 M und 22 Rd = 10 cm x 10 cm

Rippenmuster 1

In Runden 2 M rechts, 2 M links im Wechsel

Rippenmuster 2

In Runden 1 M rechts, 1 M links im Wechsel

Damenmütze

60 M auf das Nadelspiel verteilt (= 15 M je Nd) in Natur anschlagen, zur Rd schließen und im Rippenmuster 1 str. In 23 cm Höhe die 2 M jeder linken Rippe links zusstr (= 45 M). In den folg Rd die M str wie sie erscheinen. In 25 cm Höhe die 2 M jeder rechten Rippe rechts zusstr (= 30 M). Nun 1 M rechts, 1 M links im Wechsel str, nach weiteren 2 Rd jede rechte M mit der davorliegenden linken M rechts zusstr (= 15 M). Noch 1 Rd rechte M str dabei 1x 3 M und 6x 2 M rechts zusstr. Die restlichen 7 M mit doppeltem Faden zusammenziehen und die Fäden vernähen. Den Mützenrand 7 cm nach außen umschlagen, 2 Pompons von 5 cm und 3 cm ø anfertigen (s. Allgemeine Erklärungen) und nebeneinander seitlich auf den Mützenaufschlag nähen.

Herrenmütze

108 M auf das Nadelspiel verteilt (= 27 M je Nd) in Schwarz anschlagen, zur Rd schließen und im Rippenmuster 2 str. In 10 cm Höhe mit Anthrazit weiterarbeiten. In 19 cm Höhe 12x jede 9. M (jeweils 1 rechte M) markieren und jede markierte M mit den beiden folg M rechts überzogen zusstr. Dafür 1 M abheben, 2 M rechts zusstr und die abgehobene M überziehen (= 84 M). Diese Abnahmen in jeder folg 4. Rd jeweils an der gleichen Stelle noch 2x wdh (= 36 M). In der folg 4. Rd von Rd-Beginn bis Ende immer 2 M rechts überzogen zusstr, dafür 1 M abheben, 1 M rechts str, die abgehobene M überziehen. Die restlichen 18 M mit doppeltem Faden zusziehen und die Fäden vernähen. Den Mützenrand 7 cm nach außen umschlagen.

Dicke Mützen

→ schnell und einfach gestrickt

KOPF-UMFANG
Damenmütze
52-56 cm

MATERIAL
- Nadelspiel Nr. 7-8

MÜTZE IN PINK
- Schachenmayr Boston in Pink (Fb 35), 50 g

MÜTZE IN PETROL UND GRÜN
- Schachenmayr Boston in Mosaikblau (Fb 65) und Jade (Fb 71), je 50 g

MASCHEN-PROBE
Mit Nd Nr. 7-8 bei glatt rechts 12 M und 18 Rd = 10 cm x 10 cm

Glatt rechts

In Runden alle M rechts str

Strukturmuster

Nach Zählmuster in Rd arbeiten, den Rapport von 10 M stets wdh, die 1.-19. Rd einmal str.

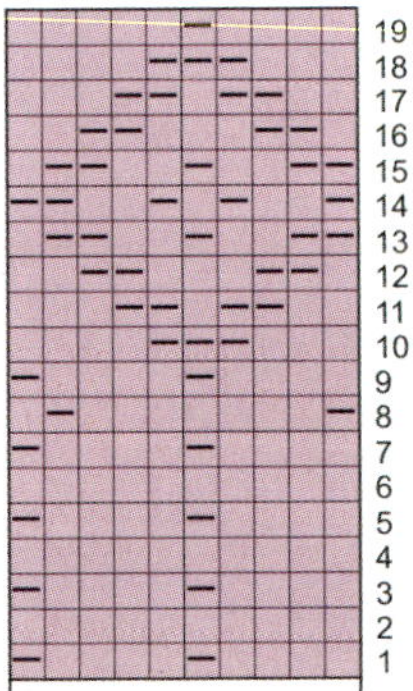

Rapport 10 M

ZEICHENERKLÄRUNG

▢ = 1 rechte M in Pink

– = 1 linke M in Pink

Halbpatentmuster

In Runden 1 Rd 1 M rechts, 1 M links im Wechsel str, in der Folgerd jeweils in die rechte M der Vorrd einstechen und 1 M rechts str (die M der Vorrd dabei auflösen), 1 M links im Wechsel str. Diese beiden Rd stets wdh.

Mütze in Pink

60 M auf das Nadelspiel verteilt (= 15 M je Nd) in Pink anschlagen, zur Rd schließen und einmal die 1.-19. Rd des Strukturmusters str. Anschließend glatt rechts weiterarbeiten, *dabei 6x jede 10. M markieren und jede markierte M mit der vorhergehenden M rechts zusstr (= 54 M). Diese Abnahmen in jeder folg 2. Rd noch 8x wdh. Über die restlichen 6 M noch 5 Rd weiter str, dann die M mit doppeltem Faden zuziehen, Fäden vernähen.

Mütze in Petrol und Grün

60 M auf das Nadelspiel verteilt (= 15 M je Nd) in Mosaikblau anschlagen, zur Rd schließen und 10 cm im Halbpatentmuster str. Dann mit Jade glatt rechts wie bei der Mütze in Pink ab * bis zum Schluss weiterarbeiten.
In Mosaikblau einen Pompon mit 6 cm ø anfertigen (s. Allgemeine Erklärungen) und an die Mützenspitze nähen.

Griechisch für Anfänger

→ Mäanderbordüre in Naturtönen

KOPF-UMFANG
Damenmütze
52-56 cm

MATERIAL
- Schachenmayr Boston in Sisal (Fb 04) und Anthrazit meliert (Fb 98), je 50 g
- Schachenmayr Boston in Natur (Fb 02), Rest
- Nadelspiel Nr. 7-8

MASCHEN-PROBE
Mit Nd Nr. 7-8 bei glatt rechts 12 M und 18 Rd = 10 cm x 10 cm

Halbpatentmuster

In Runden 1 Rd 1 M rechts, 1 M links im Wechsel str, in der Folgerd jeweils in die rechte M der Vorrd einstechen und 1 M rechts (die M der Vorrd dabei auflösen), 1 M links im Wechsel str. Diese beiden Rd stets wdh.

Glatt rechts

In Runden alle M rechts str

Jacquardmuster

Glatt rechts jede Rd nach Zählmuster arbeiten, den Rapport von 10 M stets wdh. Die 1.-11. Rd einmal str.

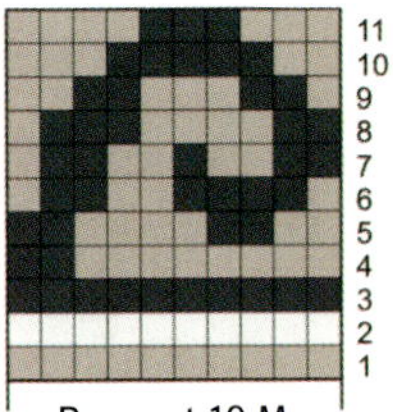

Rapport 10 M

ZEICHENERKLÄRUNG

- = 1 M in Sisal
- = 1 M in Natur
- = 1 M in Anthrazit

Anleitung

60 M auf das Nadelspiel verteilt (= 15 M je Nd) in Sisal anschlagen, zur Rd schließen und 4 cm im Halbpatentmuster str. Dann Rd 1-11 des Zählmusters str, anschließend in Sisal glatt rechts weiterarbeiten, dabei in der 1. Rd 6x jede 10. M markieren und jede markierte M mit der vorhergehenden M rechts zusstr (= 54 M). Diese Abnahmen in jeder folg 2. Rd noch 8x wdh. Dann die restlichen 6 M mit doppeltem Faden zusziehen, Fäden vernähen (= Gesamthöhe 20 cm). Aus allen Fb einen Zopf von 8 cm Länge und eine Quaste anfertigen und an der Mützenspitze befestigen.

Zipfel- & Pudelmütze

→ buntes Bommelvergnügen

KOPF-UMFANG
Kindermütze
48-52 cm

MATERIAL FÜR EINE MÜTZE

- Schachenmayr Extra Merino in Marine (Fb 50), Rubin (Fb 31), Wollweiß (Fb 02), Moos (Fb 72), Jeansblau (Fb 54) und Kürbis (Fb 26), je 50 g
- Nadelspiel Nr. 3-4

Hinweis: Falls Sie beide Mützen stricken möchten, benötigen Sie 100 g in Marine, von den restlichen Farben reicht die angegebene Menge für beide Mützen!

MASCHEN-PROBE
Mit Nd Nr. 3-4 bei glatt rechts 22 M und 30 Rd = 10 cm x 10 cm

Glatt rechts

In Runden alle M rechts str

Rippenmuster

In Runden 2 M rechts, 2 M links im Wechsel str

Streifenfolge

*2 Rd Rubin, 2 Rd Wollweiß, 2 Rd Rubin, 2 Rd Marine, 2 Rd Kürbis, 2 Rd Jeansblau, 1 Rd Wollweiß, 1 Rd Kürbis, 1 Rd Marine, 1 Rd Rubin, 1 Rd Wollweiß, 1 Rd Moos, 2 Rd Jeansblau, 2 Rd Moos, 4 Rd Marine = 26 Rd, ab * stets wdh

Zipfelmütze

112 M auf das Nadelspiel verteilt (= 28 M je Nd) in Marine anschlagen, zur Rd schließen und 8 cm im Rippenmuster str. Weiter glatt rechts in Rd in der Streifenfolge str. Nach 17 cm ab Bündchen 8x jede 14. M markieren und mit der M davor rechts zusstr (= 104 M). Diese Abnahmen in jeder folg 8. Rd noch 11x wdh (= 16 M). In der folg 8. Rd 8x 2 M rechts zusstr, die restlichen 8 M mit doppeltem Faden zusziehen, Fäden vernähen.
Einen bunten Pompon mit 6 cm ø anfertigen (s. Allgemeine Erklärungen) und an die Zipfelspitze annähen. Den Mützenrand 6 cm nach außen umschlagen.

Pudelmütze

112 M auf das Nadelspiel verteilt (= 28 M je Nd) in Marine anschlagen, zur Rd schließen und im Rippenmuster str. Nach 8 cm in der Streifenfolge weiterarbeiten. In 23 cm Höhe 14x bei jeder 2. Rechts-Rippe die 1. rechte M markieren und mit den beiden M davor rechts zusstr (= 84 M). Dann in der folg 4. Rd jede markierte M mit den beiden M davor rechts zusstr (= 56 M). In der folg 4. Rd 7x bei jeder 2. Rechts-Rippe die 1. rechte M markieren und mit den beiden M davor rechts zusstr (= 42 M) und in der folg 4. Rd jede markierte M mit den beiden M davor rechts zusstr (= 28 M). In der folg 4. Rd 14x 2 M rechts zusstr, die restlichen 14 M mit doppeltem Faden zusziehen und die Fäden vernähen.
Einen Pompon mit 6 cm ø in Marine anfertigen und an die Spitze nähen. Den Mützenrand 6 cm nach außen umschlagen.

RESCUE TEAM

Kuschel- & Teufelsmütze

→ Effekte direkt aus dem Knäuel

KOPF-UMFANG
Kindermütze 48-52 cm

MATERIAL TEUFELS-MÜTZE
- Schachenmayr Brazilia Hip in Nepal Color (Fb 1450), 50 g
- Rundstricknd Nr. 4,5-5,5
- Nadelspiel Nr. 4,5-5,5

KUSCHEL-MÜTZE
- Schachenmayr Hip Hop in Circus Color (Fb 104), 50 g
- Schachenmayr Boston in Kürbis (Fb 26), Rest
- Nadelspiel Nr. 7-8

MASCHEN-PROBE
Mit Nd Nr. 4,5-5,5 und Brazilia Hip bei kraus rechts 16 M und 36 R = 10 cm x 10 cm

Mit Nd Nr. 7-8 und Hip Hop bei glatt rechts 8 M und 14 Rd = 10 cm x 10 cm

Kraus rechts

Hinr rechts, Rückr rechts str

Glatt rechts

In Runden alle M rechts str

Teufelsmütze

100 M in Nepal Color mit der Rundstricknd anschlagen und kraus rechts str, dabei in der 1. R die folg M für die Zu- und Abnahmen kennzeichnen: Für die Abnahmen zwischen der 20. und 21. M, der 50. und 51. und der 80. und 81. M einen gelben Faden einknoten. Für die Zunahmen die 41. und 60. M mit einem roten Faden markieren. Nun in jeder Hinr vor und nach den in Rot markierten M und am Anfang und Ende jeder R, nach und vor der Rdm jeweils 1 M rechts verschränkt aus dem Querfaden zun. Gleichzeitig vor und nach den in Gelb gekennzeichneten Stellen 2 M rechts zusstr. Die M-Zahl ist am Ende jeder R konstant, die Zu- und Abnahmen gleichen sich aus. In 18 cm Höhe, gemessen an der Rdm-Kante, in der folg Rückr die entstandenen Zacken zusstr: die ersten 20 M str dann beide Nd der Rundstricknd parallel legen. Nun mit der Nd des Nadelspiels jeweils 1 M von beiden Nd rechts zusstr und dabei abk =1. Zacke. Für die 2., kleinere Zacke nun die 41. bis 50. M str, wieder die beiden Nd der Rundstricknd parallel legen und mit der Nd des Nd-Spiels jeweils 1 M von beiden Nd rechts zusstr und abk. Die 3. Zacke wie die 1. Zacke arbeiten. Die hintere Naht zusnähen. 2 kleine Pompons (möglichst von gleicher Fb) von 3 cm ø anfertigen (s. Allgemeine Erklärungen) und je einen an die Spitzen der beiden großen Zacken annähen.

Tipp: Als Alternative zum Zusstr der M in der letzten R können auch alle M zuerst abgekettet werden und die 3 Zacken entsprechend zusgenäht werden.

Kuschelmütze

56 M in Kürbis auf das Nadelspiel verteilt (= 14 M je Nd) anschlagen, zur Rd schließen und 3 Rd glatt rechts str. Dann mit Hip Hop weiterarbeiten, dabei in der 1. Rd 16 M wie folgt abn, *2 M rechts, 2 M rechts zusstr, 1 M rechts, 2 M rechts zusstr, ab * stets wdh. Über die restlichen 40 M glatt rechts weiterarbeiten. In 18 cm Gesamthöhe je 20 M zus auf eine Nd nehmen, Mütze wenden und auf der Innenseite der Mütze die M abk, dabei je 1 M der vorderen Nd mit 1 M der hinteren Nd rechts zusstr, Fäden vernähen. Für die beiden Zipfel jeweils die Ecken 4 cm hoch abbinden.

Baskenmützen für Groß & Klein

→ das Farbenspiel kommt direkt aus dem Knäuel

KOPF-UMFANG
Kleinkindmütze 40-46 cm
Kindermütze 48-52 cm
Damenmütze 52-56 cm

MATERIAL
- 7 Nadelspielnd Nr. 3-4
- Schmuckknopf

KLEIN-KIND-MÜTZE
- Regia 6-fädig Color in Candy Color (Fb 1132), 50 g

KINDER-MÜTZE
- Regia 6-fädig Color in Candy Color (Fb 1132), 100 g

DAMEN-MÜTZE
- Regia 6-fädig Color in Marokko Color Sylt (Fb 5497), 100 g

MASCHEN-PROBE
Mit Nd Nr. 3-4 bei glatt rechts 22 M und 30 Rd = 10 cm x 10 cm

Rippenmuster

In Runden 2 M rechts, 2 M links im Wechsel str

Glatt rechts

In Runden alle M rechts str

Kleinkindmütze

104 M auf das Nadelspiel verteilt (= 26 M je Nd) anschlagen, zur Rd schließen und 4 cm im Rippenmuster str. Weiter glatt rechts, dabei in der 1. Rd. 52x nach jeder 2. M 1 M rechts verschränkt aus dem Querfaden zun. Die 156 M auf 6 Nd verteilen (= 26 M je Nd) und glatt rechts weiterarbeiten. In 9 cm Höhe ab Anschlagkante verteilt 6 M abn, dafür am Ende jeder Nd die beiden letzten M zusstr (= 150 M). Diese Abnahmen in jeder folg Rd noch 24x wdh = 6 M. **Über die restlichen 6 M noch 7 Rd weiter str dann die M mit doppeltem Faden zusziehen und die Fäden vernähen. Nach Belieben einen Schmuckknopf aufnähen.

Kindermütze

108 M auf das Nadelspiel verteilt (= 27 M je Nd) anschlagen, zur Rd schließen und 4 cm im Rippenmuster str. Weiter glatt rechts, dabei in der 1. Rd wie folgt zun: 2 M rechts, *1 M rechts, 1 M rechts verschränkt aus dem Querfaden zun, 3x nach jeder 2. M 1 M rechts verschränkt aus dem Querfaden zun ab * stets wdh, enden mit 1 M rechts. Die 168 M auf 6 Nd verteilen (= 28 M je Nd) und glatt rechts weiterarbeiten. In 11 cm Höhe ab Anschlagkante verteilt 6 M abn, dafür am Ende jeder Nd die beiden letzten M zusstr (= 162 M). Diese Abnahmen in jeder folg Rd noch 26x wdh (= 6 M).
Die Mütze ab ** beenden wie bei der Kleinkindmütze beschrieben.

Damenmütze

116 M auf das Nadelspiel verteilt (= 29 M je Nd) anschlagen, zur Rd schließen und 4 cm im Rippenmuster str. Weiter glatt rechts, dabei in der 1. Rd wie folgt zun: *1 M rechts, 1 M rechts verschränkt aus dem Querfaden zun, 2x nach jeder 2. M 1 M rechts verschränkt aus dem Querfaden zun ab * stets wdh, enden mit 1 M rechts, 1 M rechts verschränkt aus dem Querfaden zun. Die 186 M auf 6 Nd verteilen (= 31 M je Nd) und glatt rechts weiterarbeiten. In 12 cm Höhe ab Anschlagkante verteilt 6 M abn, dafür am Ende jeder Nd die beiden letzten M zusstr (= 180 M). Diese Abnahmen in jeder folg Rd noch 29x wdh (= 6 M).
Die Mütze ab ** beenden wie bei der Kleinkindmütze beschrieben.

Krauser Rippenspaß

→ Baskenmützen mit Struktur

KOPF-UMFANG
Kindermütze
48-52 cm
Damenmütze
52-56 cm

MATERIAL
- 7 Nadelspielnd Nr. 5-6

KINDER-MÜTZE
- Schachenmayr Extra Merino Big in Cyclam (Fb 137) und Cayenne (Fb 127), je 50 g

DAMEN-MÜTZE
- Schachenmayr Extra Merino Big in Burgund (Fb 133), 100 g
- Schmuckknopf

MASCHEN-PROBE
Mit Nd Nr. 5-6 in der Streifenfolge
16 M und 26 Rd
= 10 cm x 10 cm

Kraus rechts

In Runden 1 Rd rechts und 1 Rd links im Wechsel str

Glatt rechts

In Runden alle M rechts str

Streifenfolge 1

4 Rd kraus rechts in Cyclam, 4 Rd glatt rechts in Cayenne im Wechsel str

Streifenfolge 2

4 Rd kraus rechts, 4 Rd glatt rechts im Wechsel str

Kindermütze

66 M in Cyclam auf das Nadelspiel verteilt (= 2x 16 M und 2x 17 M je Nd) anschlagen, zur Rd schließen und in der Streifenfolge 1 str. In der 13. Rd 42 M zun, dafür 3 M rechts str, dann *1 M rechts str, 1 M rechts verschränkt aus dem Querfaden str, 2 M rechts str, 1 M rechts verschränkt aus dem Querfaden str, ab * stets wdh. Die 108 M auf 6 Nd verteilen (= 18 M je Nd) und in der Streifenfolge 1 weiterarbeiten. In 8 cm Höhe ab Anschlagkante gleichmäßig verteilt 6 M abn, dafür am Ende jeder Nd die beiden letzten M zusstr (= 102 M). ** Diese Abnahmen wie folgt wdh: innerhalb der 4 Kraus-Rechts-Rd des Ringelrapports jeweils in jeder 2. Rd (jeweils in der Rechts-Rd), innerhalb der 4 Glatt-Rechts-Rd des Ringelrapports in jeder Rd wdh **. Über die restlichen 6 M noch 8 cm glatt rechts in der zuletzt verwendeten Fb str, dann die M mit dem Arbeitsfaden zusziehen, Faden vernähen und den Zipfel verknoten.

Damenmütze

72 M in Burgund auf das Nadelspiel verteilt (= 18 M je Nd) anschlagen, zur Rd schließen und in der Streifenfolge 2 str. In der 13. Rd 48 M zun, dafür *1 M rechts str, 1 M rechts verschränkt aus dem Querfaden str, 2 M rechts str, 1 M rechts verschränkt aus dem Querfaden str, ab * stets wdh. Die 120 M auf 6 Nd verteilen (= 20 M je Nd). In 10 cm Höhe ab Anschlagkante verteilt 6 M abn, dafür am Ende jeder Nd die beiden letzten M zusstr (= 114 M). Diese Abnahmen wie bei der Kindermütze von ** bis ** fortsetzen. Die restlichen 6 M mit dem Arbeitsfaden zusziehen, Faden vernähen.
Für die Blume einen Strickschlauch von 150 cm Länge anfertigen (s. Allgemeine Erklärungen). Den Strickschlauch zu einer Blume legen und mit einigen Stichen an einer Mützenseite fixieren, in die Blütenmitte den Schmuckknopf nähen.

Knuddelmützen

→ für kleine Eisbärfreunde

KOPF-UMFANG
Babymütze 36-40 cm
Kleinkindmütze 40-46 cm

MATERIAL
- Nadelspiel Nr. 7-8
- Nadelspiel Nr. 3

BABYMÜTZE
- Schachenmayr Hip Hop in Weiß (Fb 01), 25 g
- Schachenmayr Extra Merino in Pink (Fb 34), Rest
- 2 Knöpfe in Pink, ø 14 mm

KLEINKIND-MÜTZE
- Schachenmayr Hip Hop in Weiß (Fb 01), 50 g
- Schachenmayr Extra Merino in Dezentblau (Fb 53), Rest
- 2 Knöpfe in Türkis, ø 14 mm

MASCHENPROBE
Mit Nd Nr. 7-8 und Hip Hop bei glatt rechts 8 M und 14 Rd = 10 cm x 10 cm

Glatt rechts
In Runden alle M rechts str

Hinweis: Die Angaben für die Babymütze stehen vor dem Schrägstrich, für die Kleinkindmütze danach.

Baby und Kleinkindmütze

85/90 M in Extra Merino auf das Nadelspiel Nr. 3 verteilt anschlagen, zur Rd schließen und 5 Rd glatt rechts str. Dann mit Hip Hop weiterarbeiten, dabei in der 1. Rd 51/54 M wie folgt abn, *2 M rechts zusstr, 3 M rechts zusstr, ab * stets wdh. Nach dieser Rd die M auf das Nadelspiel Nr. 7-8 abgeben und über die restlichen 34/36 M glatt rechts weiterarbeiten. In 12/15 cm Gesamthöhe je 17/18 M zus auf eine Nd nehmen, Mütze wenden und auf der Innenseite der Mütze die M abk, dabei je 1 M der vorderen Nd mit 1 M der hinteren Nd rechts zusstr und die Fäden vernähen. Für die beiden Zipfel jeweils die Ecken 3 cm hoch abbinden. Auf die Mützenvorderseite das Bärengesicht nach Abbildung sticken, die Nase im Spannstich, den Mund im Kettenstich. 2 Knöpfe als Augen aufnähen.

Sportliches Duo

→ gemustert für die Skipiste

KOPFUMFANG
Herrenmütze
54-60 cm
Damenmütze
52-56 cm

MATERIAL
- Nadelspiel Nr. 5-6

HERRENMÜTZE
- Schachenmayr Extra Merino Big in Mittelgrau meliert (Fb 192), 150 g, in Anthrazit meliert (Fb 197), 50 g und Wollweiß (Fb 102), Rest

DAMENMÜTZE
- Schachenmayr Extra Merino Big in Wollweiß (Fb 102), 100 g, in Kürbis (Fb 126), Rest und Mittelgrau meliert (Fb 192), 50 g

MASCHENPROBE
Mit Nd Nr. 5-6 bei glatt rechts 16 M und 23 Rd = 10 cm x 10 cm

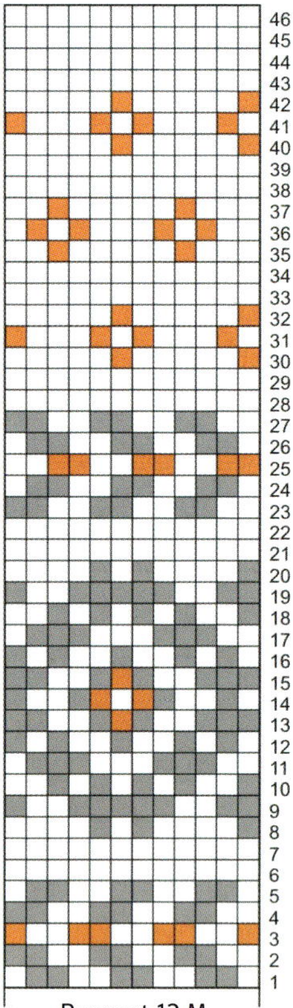

Rapport 12 M

Rippenmuster

In Runden 2 M rechts, 2 M links im Wechsel str

Glatt rechts

In Runden alle M rechts str

Jacquardmuster

Glatt rechts in Jacquardtechnik nach Zählmuster str. Für die Damenmütze 1x die 1.-46. Rd str. Den Rapport von 12 M stets wdh. Für die Herrenmütze 1x die 1.-27. Rd str. Den Rapport von 12 M stets wdh.

Damenmütze

76 M auf das Nadelspiel verteilt (= 19 M je Nd) in Wollweiß anschlagen, zur Rd schließen und 10 cm im Rippenmuster str. Danach glatt rechts 1 Rd in Wollweiß str, dabei verteilt 8 M rechts verschränkt aus dem Querfaden zun (= 84 M). Nun die 1.-46. Rd des Jacquardmusters str, anschließend glatt rechts in Wollweiß weiterarbeiten, für die Kordel zwei Öffnungen einarbeiten: ** am Rd-Beginn 2 M str, 1 Umschlag, 1 M rechts abheben, 1 M str und die abgehobene M überziehen, bis 4 M vor Rd-Ende str, dann 2 M rechts zusstr, 1 U, dann die Rd mit 1 M rechts beenden. Weiter 2 Rd glatt rechts, 1 Rd linke M für den Umbruch, abschließend 5 Rd glatt rechts str. Alle M abk. Den oberen Mützenrand an der lin-

ZEICHENERKLÄRUNG DAMENMÜTZE/HERRENMÜTZE

- ☐ = 1 M in Wollweiß/Mittelgrau
- ■ (grau) = 1 M in Mittelgrau/Anthrazit
- ■ (orange) = 1 M in Kürbis/Wollweiß

ken Rd nach innen umschlagen und festnähen. In Kürbis eine 60 cm lange Kordel anfertigen und einziehen, den oberen Mützenrand zusziehen und die Kordelenden verknoten. Das Bündchen im Rippenmuster zur Hälfte nach außen umschlagen.

Herrenmütze

84 M auf das Nadelspiel verteilt (= 21 M je Nd) in Mittelgrau meliert anschlagen, zur Rd schließen und 10 cm im Rippenmuster str. Danach glatt rechts 1 Rd in Mittelgrau meliert str, nun die 1.-27. Rd des Jacquardmusters str, anschließend glatt rechts in Mittelgrau meliert weiterstr. In 31 cm Höhe ab Anschlag in Mittelgrau meliert wie bei der Damenmütze ab ** weiterarbeiten. Die Kordel in Anthrazit anfertigen.

Schalmütze mit langem Zipfel

→ rundum warm verpackt

KOPFUMFANG
Kindermütze 48-52 cm

MASCHENPROBE
Mit Nd Nr. 3-4 bei glatt rechts 22 M und 30 R = 10 cm x 10 cm

MATERIAL
- Regia 6-fädig Color in Ocean Color (Fb 1133), 100 g
- Rundstricknd Nr. 3-4
- Nadelspiel Nr. 3-4

Rippenmuster

In Runden 2 M rechts, 2 M links im Wechsel str

Glatt rechts

In Runden alle M rechts str; in Reihen Hinr rechts, Rückr links str

Anleitung

88 M auf das Nadelspiel verteilt (= 22 M je Nd) anschlagen, zur Rd schließen und 9 cm im Rippenmuster str. Weiter glatt rechts str, nach 4 Rd die Arbeit zwischen der 1. und 4. Nd teilen und glatt rechts in R mit der Rundstricknd weiter str. Beidseitig in jeder folg 2. R 1x 4 M, 1x 3 M und 1x 2 M abk (= 70 M). Nach 21 cm ab der Teilung beidseitig je 25 M stilllegen, die mittleren 20 M auf das Nadelspiel verteilen und noch 15 cm glatt rechts in Rd str, dann die M mit dem Arbeitsfaden zusziehen und die Fäden vernähen. Die je 25 stillgelegten M im M-Stich miteinander verbinden. Für die Blende mit dem Nadelspiel 108 M aus der Kante der Gesichtsöffnung auffassen und 6 Rd im Rippenmuster, 1 Rd linke M, und abschließend noch 6 Rd im Rippenmuster str und alle M abk.
Die Blende zur Hälfte nach innen umschlagen und festnähen. Einen Pompon mit 7 cm ø anfertigen (s. Allgemeine Erklärungen) und an den Mützenzipfel nähen.

KOPF-UMFANG
Babymütze
36-40 cm
Kleinkindmütze
40-46 cm

MATERIAL
- Rundstricknd Nr. 3-4
- Nadelspiel Nr. 3-4

BABY-MÜTZE
- Schachenmayr Extra Merino in Rosa (Fb 36), Wollweiß (Fb 02) und Pink (Fb 34), je 50 g

KINDER-MÜTZE
- Schachenmayr Extra Merino in Indigo (Fb 51), Dezentblau (Fb 53) und Hellgrün (Fb 73), je 50 g

MASCHEN-PROBE
Mit Nd Nr. 3-4 bei kraus rechts 22 M und 44 R = 10 cm x 10 cm

Ringel & Zacken

→ Teufelsmützen für kleine Engel

Hinweis: 50 g einer Fb reichen für eine einfarbige Mütze aus!

Kraus rechts

Hinr rechts, Rückr rechts str

Streifenfolge 1

*2 R in Indigo, 2 R in Dezentblau, 2 R in Indigo, 2 R in Hellgrün, 2 R in Indigo, 2 R in Dezentblau, 2 R in Hellgrün, 2 R in Dezentblau ab * stets wdh.

Streifenfolge 2

*2 R in Rosa, 2 R in Wollweiß, 2 R in Rosa, 2 R in Pink, 2 R in Rosa, 2 R in Wollweiß, 2 R in Pink, 2 R in Wollweiß ab * stets wdh.

Kleinkindmütze

100 M mit der Rundstricknd in Indigo anschlagen und kraus rechts in der Streifenfolge 1 str, die Anschlagr zählt als 1. R der Streifenfolge! In der 1. R nach der Anschlagr die folg M für die Zu- und Abnahmen kennzeichnen: Für die Abnahmen zwischen der 20. und 21. M, der 50. und 51. und der 80. und 81. M einen gelben Faden einknoten. Für die Zunahmen die 41. und 60. M mit einem roten Faden markieren.
Nun in jeder Hinr vor und nach den in Rot markierten M und am Anfang und Ende jeder R, nach und vor der Rdm jeweils 1 M rechts verschränkt aus dem Querfaden zun. Gleichzeitig vor und nach den in Gelb gekennzeichneten Stellen 2 M rechts zusstr. Die M-Zahl ist am Ende jeder R konstant, die Zu- und Abnahmen gleichen sich aus.
In 15 cm Höhe, gemessen an der Rdm-Kante in der folg Rückr die entstandenen Zacken zusstr. Dafür die ersten 20 M str dann beide Nd der Rundstricknd parallel legen. Nun mit der Nd des Nadelspiels jeweils 1 M von beiden Nd rechts zusstr und dabei abk (= 1. Zacke). Für die 2., kleinere Zacke nun die 41. bis 50. M str, wieder die beiden Nd der Rundstricknd parallel legen und mit der Nd des Nadelspiels jeweils 1 M von beiden Nd rechts zusstr und abk. Die 3. Zacke wie die 1. Zacke arbeiten. Die hintere Naht zusnähen und Fäden vernähen. Einen Pompon mit 3 cm ø in Dezentblau anfertigen (s. Allgemeine Erklärungen) und an die Mützenspitze annähen.

Babymütze

86 M in Rosa mit der Rundstricknd anschlagen und kraus rechts in der Streifenfolge 2 str, die Anschlagr zählt als 1. R der Streifenfolge! In der 1. R nach der Anschlagr die folg M für die Zu- und Abnahmen kennzeichnen: Für die Abnahmen zwischen der 18. und 19. M, der 43. und 44. und der 68. und 69. M einen gelben Faden einknoten. Für die Zunahmen die 37. und 50. M mit einem roten Faden markieren. Die Zu- und

Mützen mit Ohrenklappen

→ folkloristisch in frischen Farben

KOPF-UMFANG
Kindermütze
48-52 cm
Damenmütze
52-56 cm

MATERIAL

- Nadelspiel Nr. 4-5
- Häkelnd Nr. 4

KINDER-MÜTZE

- Schachenmayr Laluca Cotton in Indigo (Fb 51), Türkis (Fb 65), Orange (Fb 27), Rosa (Fb 36) und Grün (Fb 77), je 50 g

DAMEN-MÜTZE

- Schachenmayr Laluca Cotton in Aubergine (Fb 51), 100 g, Oliv (Fb 70), Hummer (Fb 34), Rosa (Fb 36) und Pflaume (Fb 37), je 50 g

MASCHEN-PROBE
Mit Nd Nr. 4-5 im Jacquardmuster 17 M und 24 Rd = 10 cm x 10 cm

Glatt rechts

In Reihen Hinr rechts, Rückr links, in Runden alle M rechts str

Jacquardmuster

In Jacquardtechnik nach Zählmuster str. 1x die 1.-45. Rd str. Für die Kindermütze dabei die 6., 19., 25. und 26. Rd auslassen. Den Rapport von 12 M stets wdh.

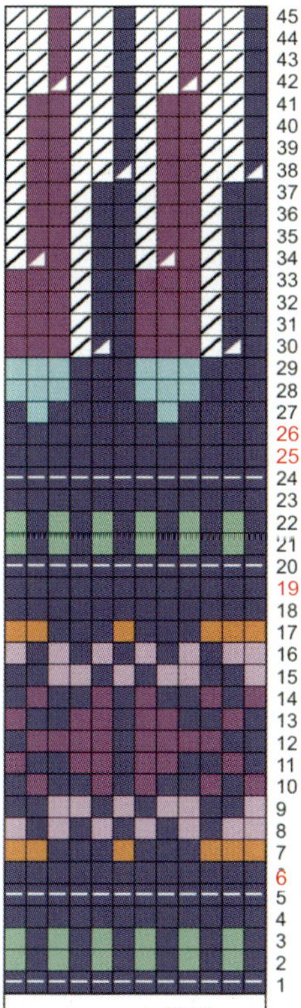

Rapport 12 M

Hinweis: Die Angaben für die Kindermütze stehen vor dem Schrägstrich, für die Damenmütze danach.

Anleitung

Mit den Ohrenklappen beginnen. Dafür jeweils 3 M in Indigo/Aubergine anschlagen und in R glatt rechts str, dabei beidseitig in jeder Hinr 9x 1 M rechts verschränkt aus dem Querfaden str (= 21 M). Nach der nächsten Rückr die M stilllegen und die 2. Ohrenklappe ebenso str. In Indigo/Aubergine aus der 1. M einer Ohrenklappe 5/7 M aufstr (s. Allgemeine Erklärungen), dann die 21 M der 1. Ohrenklappe str, aus der letzten M 10/14 M aufstr, dann die M der 2. Ohrenklappe str und am Ende nochmals 5/7 M aus der letzten M aufstr. Die insgesamt 72/84 M zur Rd schließen und nach dem Jacquardmuster arbeiten. Nach der 45. Rd in Grün/Pflaume 12x/14x 2 M rechts zusstr, die restlichen 12/14 M mit doppeltem Faden zusziehen und die Fäden vernähen. Die untere Mützenkante mit 1 Rd Krebsm in Grün/Pflaume umhäkeln. Auf die Ohrenklappe in Orange/Oliv je einen kleinen Stern in Spann- und Kettenstichen aufsticken. In Orange/Hummer eine kleine Quaste arbeiten und mit einem Zopf oder einer Kordel an der Mützenspitze befestigen.

ZEICHENERKLÄRUNG DAMENMÜTZE/KINDERMÜTZE

- = 1 rechte M in Aubergine/Indigo
- = 1 linke M in Aubergine/Indigo
- = 1 rechte M in Oliv/Türkis
- = 1 rechte M in Hummer/Orange
- = 1 rechte M in Rosa
- = 1 rechte M in Pflaume/Grün
- = 1 rechte M in Hummer/Türkis
- = 2 M rechts zusstr
- = keine M (dient nur der besseren Übersicht), das Kästchen wird beim Str übergangen

Klassisch im Zopfmuster

→ uni oder geringelt

KOPF-UMFANG
Damenmütze 52-56 cm

MATERIAL
- Nadelspiel Nr. 3-4
- Hilfsnd oder Zopfnd

MÜTZE IN GRAU
- Schachenmayr Extra Merino in Mittelgrau meliert (Fb 92), 100 g

MÜTZE MIT RINGEL
- Schachenmayr Extra Merino in Anthrazit meliert (Fb 97), Hellblau (Fb 52), Petrol (Fb 56), Beige (Fb 03) und Moos (Fb 72), je 50 g

MASCHEN-PROBE
Mit Nd Nr. 3-4 im Zopfmuster (ungedehnt) 40 M und 35 Rd = 10 cm x 10 cm

STRICK-SCHRIFT SEITE 32

Bündchenmuster

In Runden 1 M rechts, 1 M links im Wechsel str

Zopfmuster

In Rd nach Zählmuster str, dabei den Rapport stets wdh. 1x die 1.-2. Rd und 2x die 3.-10. Rd = 16 Rd str, dann 1x die 19.-52. Rd str

Mütze in Grau

130 M auf das Nadelspiel verteilt anschlagen, zur Rd schließen und im Bündchenmuster 4 cm str. In der folg Rd alle M rechts str, dabei nach jeder 10. M eine M rechts verschränkt aus dem Querfaden str (= 143 M). Weiter im Zopfmuster str. Nach 52 Rd des Zopfmusters in der folg Rd jede rechte M mit der davor liegenden linken M rechts zusstr (= 13 M). In der folg Rd jeweils 2 M rechts zusstr, enden mit 1 M rechts. Die restlichen 7 M mit dem Arbeitsfaden zusziehen, Faden vernähen. Einen Pompon mit 5 cm ø anfertigen (s. Allgemeine Erklärungen) und an die Mützenspitze nähen.

Mütze mit Ringel

Die Mütze str wie die Mütze in Grau, dabei die Fb wie folgt einteilen: Das Bündchen und die 1. Rd danach in Anthrazit, dann 13 Rd in Hellblau, 4 Rd in Petrol, 12 Rd in Beige, 4 Rd in Anthrazit str, dann die restliche Mütze in Moos fertigstellen.

Freizeit & Hobby / Handarbeiten

WEITERFÜHRUNG

Klassisch im Zopfmuster

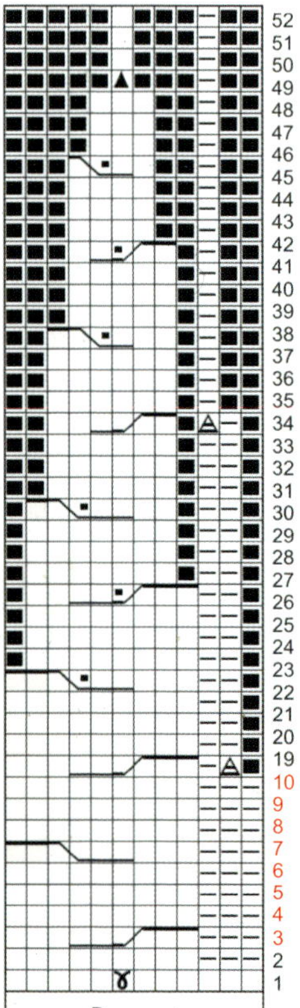

Rapport
12 M nach der 1. Rd

ZEICHENERKLÄRUNG

= 1 rechte M

= 1 linke M

= 1 M rechts verschränkt aus dem Querfaden str

= keine M (dient nur der besseren Übersicht), das Kästchen wird beim Str übergangen

= 2 M links zusstr

= 2 M zus abheben, die folgende M rechts str und die beiden abgehobenen M überziehen

= 1 M auf einer Zopfnd vor die Arbeit legen, 2 M rechts zusstr, dann die M der Zopfnd rechts str

= 2 M auf einer Zopfnd hinter die Arbeit legen, 2 M rechts, dann die M der Zopfnd rechts str

= 2 M auf einer Zopfnd vor die Arbeit legen, 2 M rechts zusstr, dann die M der Zopfnd rechts str

= 2 M auf einer Zopfnd vor die Arbeit legen, 2 M rechts zusstr, 1 M rechts, dann die M der Zopfnd rechts str

= 2 M auf einer Zopfnd hinter die Arbeit legen, 2 M rechts, dann die M der Zopfnd rechts str

= 3 M auf einer Zopfnd hinter die Arbeit legen, 3 M rechts, dann die M der Zopfnd rechts str

= 3 M auf einer Zopfnd vor die Arbeit legen, 3 M rechts, dann die M der Zopfnd rechts str

= 3 M auf einer Zopfnd vor die Arbeit legen, 2 M rechts zusstr, 1 M rechts, dann die M der Zopfnd rechts str

= 3 M auf einer Zopfnd hinter die Arbeit legen, 3 M rechts, dann die M der Zopfnd str: 2 M rechts zusstr, 1 M rechts

IMPRESSUM

FOTOS: frechverlag GmbH, 70499 Stuttgart; Fotostudio Ullrich & Co., Renningen
DRUCK: frechdruck GmbH, 70499 Stuttgart

Auflage: 5. 4. 3. 2. 1.
Jahr: 2011 2010 2009 2008 2007 [Letzte Zahlen maßgebend]

ISBN 978-3-7724-6644-1
Best.-Nr. 6644